Die bibliophilen Taschenbücher

Horst Zielske
Wales

Tenby, Carmarthen Bay

Horst Zielske

Wales

Mit Texten
des walisischen Schriftstellers
Dylan Thomas

Ein glücklicheres Leben
als in Wales kenne ich nicht!
Dafydd Benfras

Harenberg Edition

Für Helga

Harenberg Edition
Die bibliophilen Taschenbücher 650

Gesamtherstellung Druckerei Hitzegrad, Dortmund
Printed in Germany

WALES – VERZAUBERTES LAND

Von einer See umspült, die «nach einer Nacht von teerschwarzem Heulen und Rollen» am Morgen wieder «still und grün wie Gras» daliegen kann (Dylan Thomas), ist Wales ein Land von eindringlicher Schönheit. In seiner Landschaft scheint der keltische Mythos fortzuleben. Die Felsformationen der Küste faszinieren ebenso wie das «wilde Wales» von Merionethshire mit seinen Wäldern, Seen, Flüssen und Katarakten oder die Bergwelt des Mount Snowdon, nach einer alten Volksweisheit eines der sieben Wunder des Landes. Von Anglesey aus und mit den Augen eines Walisers betrachtet, scheint er trotz seiner Höhe von nur 1085 Metern die Wolken zu berühren.

Es waren Kelten, Kymren, die auf den britischen Inseln siedelten und die im ersten nachchristlichen Jahrhundert von den Römern unterworfen wurden. Die im Zuge der Völkerwanderung heranstürmenden Angeln und Sachsen drängten sie nach Schottland und Wales ab. Der Widerstand gegen diese Nachbarn im Osten, letztlich erfolglos, währte gleichwohl Jahrhunderte. Der Kleriker Gerald of Wales wies bereits 1194 darauf hin, daß, wer immer sein Volk besiegen und in Frieden regieren wolle, sich auf ein langes und zähes Widerstreben einstellen müsse.

Die Nachfahren der Kelten haben sich stets das Bewußtsein der Eigenständigkeit ihrer Tradition und Kultur bewahrt. So feiert man unter anderem bis heute alljährlich das Eisteddfod, den großen Wettbewerb der Barden und Musikanten.

Oft scheinen nur zwei Möglichkeiten zu existieren, mit dem übermächtigen Einfluß der englischen Kultur umzugehen – die der bedingungslosen Anpassung oder der bewußten Abgrenzung. Die Motive und vor allem die Gefahren dieser beiden diametral entgegengesetzten Wege werden am Beispiel der walisischen Künstler besonders deutlich, wie Dylan Thomas weiß. Der walisische Dichter, der in Swansea geboren wurde und den größten Teil seines dennoch unbehüteten Lebens im ländlichen und kleinstädtischen Wales verbrachte, ist dennoch über die Grenzen seiner Heimat hinaus berühmt geworden.

Thomas' literarisches Werk weist ebenso Einflüsse und Anklänge an die Metaphysical Poets des 17. Jahrhunderts wie an den Symbolismus, an die Romantik wie an die walisische Bardendichtung auf, und er plädiert für Offenheit und Toleranz im Umgang mit der eigenen wie mit fremden Kulturen. Ganz in seinem Sinne also benutzen seine Landsleute völlig selbstverständlich mehr und mehr die englische Sprache – jedoch in dem stolzen Bewußtsein, daß es ebenso schwer ist, das Walisische/Kymrische zu erlernen wie die Berge von Wales zu bezwingen.

Ute Fischer

Quarrymen's Cottages in Nantlle Vale

Dyfed

Verlassene Tankstelle in Eglwyswrw

Snowdonia

Im Nantmor Valley

Powys

Farmhaus bei Llanbrynmair

Dyfed

Kidwelly Castle

Bei Aberglaslyn, Gwynedd

Unter dem Milchwald

Erste Stimme

Anfangen, wo es anfängt: Es ist Frühling, mondlose Nacht in der kleinen Stadt, sternlos und bibelschwarz, die Kopfpflasterstraßen still, und der geduckte Liebespärchen- und Kaninchenwald humpelt unsichtbar hinab zur schlehenschwarzen, zähen, schwarzen, krähenschwarzen fischerbootschaukelnden See. Die Häuser sind blind wie Maulwürfe (aber die Maulwürfe sehen gut heut nacht im schnuppernden samtigen Waldtal) oder blind wie Kapitän Cat in der eingemummelten Mitte der Stadt, beim Brunnen und bei der Stadtuhr, bei den Läden in Trauer, bei dem Wohlfahrtshaus im Witwenschleier. Und alle Leute in der eingelullten umstummten Stadt liegen und schlafen.

Sst! Die Babies schlafen, die Bauern, die Fischer, die Händler und Rentner, der Schuster, Schullehrer, Schankwirt und Briefträger, der Leichenbestatter und das leichte Weib, Säufer und Schneider, Pfarrer und Polizist, die schwimmfüßigen Muschelweiber und reinlichen Hausfrauen. Junge Mädchen liegen weich gebettet oder gleiten in ihren Träumen, mit Ringen und Ausstattung, von Glühwürmchen brautumjungfert, durch die gewölbten Schiffe des orgelspielenden Waldes. Die Burschen haben polternde Abendträume von den bockstößigen Viehhöfen der Nacht und der fröhlichen seeräubergröhlenden See. Und die Kohlenstatuen der Pferde schlafen auf dem Feld und die Kühe im Stall und die Hunde im naßdurchschnauzten Hof, und die Katzen dösen in schiefen Winkeln oder springen schlau und stricheln und sticheln auf der einen einzigen Wolke der Dächer.

Du kannst den Tau fallen hören und die eingewiegte Stadt atmen. Nur deine Augen sind aufgeschlossen und sehen die schwarze gefaltete Stadt fest und gelöst im Schlaf. Und nur du allein hörst den unsichtbaren Sternfall, das Dunkelste vor der Dämmerung, die winzige tauversengte Regung der schwarzen klieschen-erfüllten See, wo alle Boote, die *Arethusa*, die *Schnepfe* und die *Lerche*, wo *Zanzibar* und *Rhannon*, der *Freibeuter*, der *Kormoran* und der *Stern von Wales* auf den Wellen schaukeln und reiten.

Horch. Es ist Nacht. Sie zieht durch die Straßen, der wallfahrtend langsame salzig singende Wind in der Krönungsstraße und Muschelzeile; es ist das Gras, das auf dem Llareggub-Berg wächst, Taufall, Sternfall, der Schlaf der Vögel im Milchwald.

Horch. Es ist Nacht im kalten vierschrötigen Bethaus. Sie singt ihre Hymnen in Haube und Brosche, in Bombasinschwarz, mit Schmetterlingsbinde und Schnürsenkelschleife, hustet wie Ziegen, lutscht Pfefferminzzucker, gönnt sich ein Nickerchen Hallelujah; Nacht in der Schenkstube, still wie ein Domino; in Ocky Milchmanns Dachkammer wie eine Maus mit Handschuhen; in Dai Brots Backstube fliegt sie wie schwarzes Mehl. Es ist heut Nacht in der Eselsstraße, die zottelt schweigend, mit Seetang an den Hufen, über das muschelig gerillte Pflaster, vorbei am Vorhang vor dem Blumentopf mit Farnen, an Wandspruch und Nippsachen, Harmonium und heiligem Anrichtetisch, handgemalten Aquarellen, Porzellanhund und blechrosiger Teebüchse. Es ist Nacht, die schnickt und schnackt ihr Iah in den Schnuckelnestern der Babies.

Sieh. Es ist Nacht, sie windet sich stumm und königlich durch die Kronjubiläums-Kirschbaumallee, sie geht durch den Friedhof von Bethesda, mit Handschuhen an den gefalteten Winden, mit abgenommenem Tau, und torkelt zur Seefahrerschenke.

Die Zeit vergeht. Horch, die Zeit vergeht.

Komm nur her.

Nur du kannst die Häuser schlafen hören, in den Straßen, in der langsamen, tiefen, salzigen, schweigenden, schwarzen bindenumhüllten Nacht. Nur du kannst in den vorhangblinden Schlafzimmern die Kämme sehen, die Unterröcke über den Stuhllehnen, die Krüge und Becken, die Gläser mit falschen Gebissen, an der Wand das «Du sollst nicht» und die vergilbenden Bitte-recht-freundlich-Bilder der Toten. Nur du kannst hören und sehen, hinter den Augen der Schläfer: die Fahrten und Länder, Labyrinthe und Farben, Bestürzungen und Regenbogen, Melodien und Wünsche; und Flug und Fall und Verzweiflungen, und die großen Seen ihrer Träume . . .

Er wendet den Kopf, schaut hinauf zum Llareggub-Berg und sieht zwischen grünledernen Bäumen die weißen Häuser und verstreuten Farmen, wo Farmjungen pfeifen, Hunde schreien, Kühe brüllen. Aber alle zu weit, als daß er oder du es hören könnten. Und in der Stadt quieken die Ladentüren auf. In der Tür von Manchesterhaus nimmt Mr. Edwards in Schmetterlingskragen und Strohhut den Vorbeischlendernden Augenmaß zu den gestreiften Flanellhemden und Leichentüchern und geblümten Blusen, und in der Dunkelheit hinter seinem Auge röhrt er sich zu ...

Draußen strömt die Sonne nieder auf die holterdipolternde Stadt. Sie läuft durch die Hecken der Stachelbeergasse und stößt die Vögel, daß sie singen. Der Frühling schwingt seine grüne Peitsche in der Muschelzeile, daß die Muscheln erklingen.

An diesem Prachtstück von Morgen ist Llareggub eine warme wilde Frucht. Die Straßen, Felder, Watten und Wasser lenzen und glänzen in der jungen Sonne ...

Der sonnige, langsam lullende Nachmittag geht gähnend durch die nickende Stadt. Die See leckt und läppert und flutet träge, mit schlafenden Fischen in ihrem Schoß. Die Weiden sind still wie Sonntag; die Stiere mit geschlossenen Augen und Troddeln, die Waldtäler mit Ziegen und Gänseblümchen halten wohlig und ruhig ihr träges Schläfchen. Die stummen Ententeiche dösen. Wolken senken sich als weiche Kissen auf den Llareggub-Berg ...

Nun dämmert die Stadt. Jeder Pflasterstein, jeder Esel, jede Gänse- und Gänseblümchengasse ist ein Torweg der Dämmerung. Und das Abendgrau und der feierliche Staub und erste dunkelnde Schnee der Nacht und der Schlaf der Vögel wehen tief durch die lebende Dämmerung dieser Ortschaft der Liebe. Llareggub ist die Hauptstadt der Dämmerung ...

Nun ist die Dämmerung ertrunken, für immer vorüber bis morgen. Mit einem Male ist es Nacht. Die finstere Stadt ist ein Hügel von Fenstern, und von den wundgeschlagenen Wellen herauf rufen die Lichter der Lampen in den Fenstern den Tag zurück und die Toten, die hinausgefahren sind auf die See. Und überall in der rufenden Nacht werden Kinder und alte Männer ins Bett gelockt und schlafen gelegt . . .

Die dünne Nacht wird dunkler. Eine Brise vom gekräuselten Wasser her seufzt durch die Gassen dicht unter dem milchwachen Wald. Dem Wald, in dem jede Baumwurzel ein gespaltener Huf ist im schwarzen lauernden Auge der Jäger der Liebenden. Das ist der Wald, der ein von Gott erbauter Garten ist für Mary Ann Seefahrer, die weiß, daß der Himmel auf Erden ist, und das auserwählte Volk seines liebenden Feuers im Llareggubland; der Wald, für die Farmknechte am Kirmesabend das wollüstige unbedachte Bethaus voller Brautbetten, und für Ehrwürden Eli Jenkins eine grünbelaubte Predigt von der Unschuld des Menschengeschlechtes – der plötzlich vom Wind gerüttelte Wald erwacht zum zweiten dunklen Male an diesem einen Frühlingstag.

*

In diesem Frühling hier

In diesem Frühling hier schwimmen Sterne am
Nichts lang hinab;
In diesem Ziergartenwinter
Prasselt nieder das nackte Wetter;
Dieser Sommer legt einen Frühlingsvogel ins Grab.

Symbole werden gewählt aus des Jahres
Langsamer Rundfahrt um seiner vier Zeiten Ufer;
Im Herbst lehr dreier Jahreszeiten Feuer
Und vier Vogelrufe.

Ich sollt Sommer kennen an den Bäumen, die Würmer
Kenne, wenn etwas, des Winters Stürme
Oder der Sonne Begräbnis;
Ich sollt Frühling lernen wenn ich den Kuckuck höre,
Und die Wegschnecke sollt mich Zerstörung lehren.

Ein Wurm kennt Sommer besser als die Uhr,
Die Wegschnecke ist ein lebender Tageskalender;
Was solls mir sagen wenn ein zeitloses Insekt
Sagt die Welt geht zu Ende?

*

Bei Raglan, Gwent

Pentre Ifan

Cromlech bei Newport

Gwynedd

Pack-Horse Bridge über den Lledr, Betws-y-Coed

Snowdonia

Nantlle Vale

Gwynedd

Afon Mawddach bei Llanelltyd

Snowdonia

Bei Rhyd-Ddu

Snowdonia

St. Peris

Snowdonia

Altes Farmhaus bei Nantlle Vale

Gwynedd

Bei Llanddyn

Gwent

Chepstow Castle

Nant Gwynant, Snowdonia

Fern Hill

Als ich noch jung war und leicht unter den Apfel-
zweigen
Rund um das trällernde Haus, und so glücklich war
wie das Gras grün
Und die Nacht überm Talgrund voll Sternen,
Ließ Schwager Zeit mich Holla rufen und klettern
Golden in seiner Augen Erntezeit,
Und geehrt bei den Heuwagen war ich der Prinz der
Apfelstädte
Und einmal vor tiefer Zeit gebot ich den Bäumen
und Blättern
Mit Maßliebchen und Gerste
Die Flüsse des unreif fallenden Lichtes hinunter-
zuziehn.

Und als ich grün war und sorglos, berühmt bei den
Scheunen
Rund um den lustigen Hof, und so singend wie ich
zu Haus war,
In der Sonne, die einmal nur jung ist,
Ließ Schwager Zeit mich spielen und sein
Golden in der Gnade seiner Kräfte,
Und grün und golden war ich Jäger und Hirt, die
Kälber
Sangen zu meinem Horn, auf den Hügeln die Füchse
bellten klar und kalt,
Und der Sabbat läutete langsam
In den Kieseln der heiligen Bäche.

Die ganze Sonne lang war es Rennen und war es
fröhlich, die Heu-
Felder hoch wie das Haus, aus den Schornsteinen
Lieder, und Luft war
Und Spielen, Wasser und Funkeln
Und Feuer grün wie Gras.
Und nachts, unter den einfachen Sternen
Wenn ich schlafen ritt, trugen die Eulen den Hof
davon,
Den ganzen Mond lang hörte ich, benedeit bei den
Ställen die Nachtschwalben
Fliegen mit Heuschobern, und die Pferde
Flitzten ins Dunkel.

Und dann zu erwachen, und der Hof, wie ein Wan-
drer vom Tau
Weiß, wieder da, mit dem Hahn auf der Schulter.
Das war alles
Leuchten, das war Adam und junge Frau,
Der Himmel wieder gesammelt
Und die Sonne wurde am selben Tage rund.
So muß es gewesen sein nach des einfachen Lichtes
Geburt
Am ersten Ort, wo man spann, als die Pferde, bezau-
bert und warm
Hinausgingen aus dem Wiehern des grünen Stalles
Auf die Felder voll Dank.

Und geehrt bei Füchsen und Fasanen ums lustige
Haus,
Unter neugemachten Wolken und so glücklich wie
das Herz lang war,

In der Sonne geboren wieder und wieder,
Lief ich meiner achtlosen Pfade.
Meine Wünsche jagten durchs haushohe Heu,
Und mir lag nichts dran, himmelblau wie ich war,
warum Schwager Zeit
In all seinem schallenden Walten so wenig und nur
solche Morgenlieder
Erlaubt, bevor die Kinder grün und golden
Ihm folgen fort aus der Gnade,

Mir lag nichts dran, in den lammweißen Tagen, daß
Schwager Zeit mich hinauf
Zum Schwalbenschlag führen würde am Schatten
meiner Hand
Im Mond, der immerzu steigt,
Noch, daß ich ihn beim Schlafenreiten je
Fliegen hören würde mit hohen Feldern
Und erwachen und finden den Hof für immer entflo-
hen dem kindlosen Land.
Oh, als ich jung war und leicht in seiner gewaltigen
Kräfte Gnade,
Hielt Schwager Zeit mich, grün und sterbend,
Ob ich auch sang in meinen Ketten wie die See.

*

Gedicht im Oktober

Es war mein dreißigstes Jahr gen Himmel
Das wachte auf als ich hörte vom Hafen und Nach-
barwald
Und von muschelgeteichten und reiher-
Gepriesterten Strand
Des Morgens Locken
Mit Gebeten des Wassers und rufen der Seemöwe
und der Krähe
Und dem Pochen von Segelbooten an die netze-ver-
fitzte Wand
Daß ich gehe
Ohne zu stocken
Durch die noch schlafende Stadt hinaus ins Land.

Mein Geburtstag fing an mit den Wasser-
Vögeln und Vögeln geflügelter Bäume die flogen
meinen Namen
Über den Bauernhöfen und über den weißen Rossen
Und ich stand auf
Im Regenherbst
Und ging hinaus in einen Schauer all meiner Tage.
Flut wars und der Reiher tauchte als ich den Weg
nahm
Über die Grenze
Und die Tore
Der Stadt beim Erwachen der Stadt sich schlossen.

Ein Frühling voll Lärchen in einer kollernden
Wolke und Straßenrandsträucher wimmelnd von singenden
Amseln und die Oktobersonne
Sommerlich
Auf des Hügels Kuppe,
Da waren linde Lüfte und süße Sänger mit einem Mal
Gekommen am Morgen durch den ich ging und lauschte
Dem regenauswindenden
Wind der blies kalt
Im Wald tief unter mir im Tal.

Fahler Regen über dem schwindenden Hafen
Und über der seenassen Kirche schneckenklein
Mit ihren Hörnern im Dunst und über dem Schloß
Eulenbraun:
Doch alle Gärten
Des Frühlings und Sommers blühten in großen Sagen
Jenseits der Grenze und unter der Wolke voll Lerchen.
Dort konnt ich mit Staunen
Meinen Geburtstag
Vertun – doch das Wetter wendete sich um.

Es wendete sich ab von dem heiteren Lande
Und die andere Luft und den blauen veränderten Himmel entlang
Strömte es wieder als Wunder von Sommer
Voll Äpfeln
Birnen und roten Beeren
Und in der Wendung sah ich so deutlich eines Kindes

Vergessene Morgen als es mit der Mutter den Gang
Durch die Parabeln
Des Sonnenscheins ging
Und durch die Legenden der grünen Kapellen

Und durch die zweimal erzählten Felder der
Kindheit daß seine Tränen
Meine Wangen brannten und sein Herz in meinem
sich regte.
Das waren die Wälder der Fluß und die See
Wo ein Knabe
Im horchenden
Sommer der Toten die Wahrheit von seiner Freude
sagte
Flüsternd den Bäumen und Steinen und Fischen in
der Flut.
Und das Geheimnis
Lebte und klang
Noch immer weiter in Wasser und Singvogelsang.

Und dort konnte ich meinen Geburtstag
Verstaunen. Aber das Wetter wendete sich und die
wahre
Freude des lange toten Kindes sang brennend klar
In der Sonne.
Es war mein dreißigstes
Jahr gen Himmel das dort stand im Sommermittag
Ob auch unten die Stadt belaubt voll Oktoberblut lag.
O daß meines Herzens Wahrheit
Gesungen werden mag
Auf diesem hohen Hügel auch noch in einem Jahr.

Gabs eine Zeit

Gabs eine Zeit als Tänzer mit ihren Geigen
Kindern in Zirkussen aufschieben konnten ihre
Sorgen?
Vorzeiten konnten sie weinen über ein Buch,
Doch die Made der Zeit kriecht jetzt ihren Spuren
nach.
Unsicher sind sie unter des Himmels Bogen.
Was unbekannt bleibt ist am sichersten in diesem
Leben.
Unter den Himmelszeichen haben die ohne Arme
Die reinsten Hände, und wie der einzige Unverletzte
Der herzlose Geist ist, so sieht der Blinde am besten.

*

Powys

Frühling in den Brecon Beacons

Bethesda

Quarrymen's Cottages

Gwent

Tintern Abbey

Lleyn Peninsula

Aberdaron

Cardigan Bay

Tresaith

Gwynedd

Aberdovey

Im Watt bei Aberdovey, Gwynedd

*

Laugharne

Hin und wieder, hinauf und hinab, hoch und trokken, Mann und Junge, habe ich jetzt seit fünfzehn Jahren oder Jahrhunderten in dieser zeitlosen, schönen, verrückten, verzückten Stadt gewohnt, in diesem fernen, siebenschläfernden, wichtigen Ort mit seinen Reihern, Kormoranen (die hier Entenböcke heißen), mit seinem Schloß, mit seinem Friedhof, seinen Seemöwen, Geistern, Gänsen, alteingesessenen Feindschaften, Schaudermärchen, Skandalen, Kirschbäumen, Geheimnissen, Dohlen in den Schornsteinen, Fledermäusen in den Oberstübchen der Türme, Skeletten in den Schränken, Wirtshäusern, Schlammkuhlen, Muscheln, Flundern und Brachvögeln, mit seinem Regen und seinen menschlichen und oft allzumenschlichen Geschöpfen. Und obgleich ich noch immer von Grund auf ein Fremder bin, werde ich doch kaum jemals mehr auf der Straße gesteinigt, und ich kann mich rühmen, mehrere von den Einwohnern und sogar einige von den Reihern beim Vornamen nennen zu dürfen.

Nun leben manche Leute in Laugharne, weil sie in Laugharne geboren sind und keinen guten Grund hatten, wegzuziehen. Andere zogen erst eigens her, aus einer Anzahl merkwürdiger Gründe, aus so weit entfernten und so unwahrscheinlichen Orten wie Tonypandy, oder sogar aus England. Und sie sind jetzt von den Eingeborenen aufgesogen worden. Einige sind im Dunkeln in die Stadt gekommen und sofort verschwunden, und man kann sie manchmal in bangen schwarzen Nächten hören, wie sie in leerstehenden verfallenen Häusern Lärm schlagen, aber vielleicht sind es auch nur die weißen Eulen, die dicht nebeneinander atmen, wie Gespenster im Bett. Andere sind fast ganz sicher hergekommen, um der internationalen Polizei zu entgehen, oder gar ihren

Frauen; und dann gibt es hier auch die, die noch immer nicht wissen und auch nie mehr wissen werden, weshalb sie überhaupt da sind. Man kann sie jeden Tag der Woche sehen, wie sie langsam, benommen die Straße auf und ab wandern wie walisische Opiumesser, halb schlafend, in einer schweren staunenden Betäubung. Und einige kamen auch so wie ich, kamen einfach eines Tages nur für einen Tag, und gingen nie mehr weg, sie stiegen aus dem Omnibus aus und vergaßen wieder einzusteigen.

Was für einen Sinn, wenn überhaupt einen, unser Dasein in diesem zeitlosen, milden, beschwichtigenden Eiland von Stadt hat, mit seinen sieben Wirtshäusern, seinem einzigen tatsächlich besuchten Bethaus, einer Kirche, einer Fabrik, zwei Billardtischen, einem Bernhardiner (ohne Kognak), einem Polizisten, drei Flüssen, einer See, die zu Besuch kommt, einem Rolls-Royce, der Bratkartoffeln mit Fisch verkauft, einer Kanone (aus Gußeisen), einem Kanzler (aus Fleisch und Blut), einem Hafenbüttel, einem Danny Ray und einem bunten Durcheinader verschiedenster Vögel; da ist es nun einmal, und ein zweites Mal gibt es so etwas sonst nirgends.

Aber wenn man in einem Dorf oder einer Stadt in der Umgebung sagt, daß man aus diesem einzigartigen, aus diesem verführenden, alten, verlorenen Laugharne kommt, wo einige Leute schon in den Ruhestand zu treten beginnen, bevor sie noch zu arbeiten begonnen haben, und wo längere Reisen von etlichen hundert Metern oft nur zu Fahrrad unternommen werden, dann, ja, dann rücken die Vorsichtigen gleich ein Stück weit ab, und es wird geflüstert und geseufzt und unter dem Tisch angestoßen, und bewegliche Gegenstände werden schnell entfernt.

«Gehen wir lieber, bevor noch der Wirbel losgeht», hörst du.

«Laugharne, das ist der Ort, wo sie mit Bootshaken raufen.»

«Alle Frauen dort haben Schwimmhäute an den Füßen.»

«Vorsicht, der böse Blick!»

«Dort darf man nie bei Vollmond hingehen!»

Die sind alle nur neidisch. Sie beneiden Laugharne darum, daß es sich nur um seine eigenen seltsamen Angelegenheiten kümmert; um seine kluge Verachtung für alle Eile; um seine Großzügigkeit, mit der es die Narrheiten anderer hinnimmt, weil es doch selbst schon so viele reife laut pfeifende Narrheiten hat. Sie beneiden es um seine Inselfederbettatmosphäre, um seine Philosophie, daß in hundert Jahren ohnehin alles eins sein wird. Sie sind ungehalten, daß Laugharne in ihren Augen so unrecht haben und es sich dabei doch so wohlsein lassen kann. Und aus Neid und Empörung verschreien sie es als märchenhaft faules kleines hexensabbatruhiges Narrenhaus am Meer. Und ist es das wirklich? Natürlich nicht die Spur! Hoffentlich nicht, wenigstens.

*

Anglesey

Rhosneigr

Gwynedd

Blaenau Ffestiniog

Gwynedd

Bethesda

Gwent

Im Wye Valley

Vale of Ewyas

Capel-y-Ffin

Snowdonia

Llyn Gwynant

Kidwelly, Dyfed

Ich bin in einer großen walisischen Industriestadt geboren, am Anfang des großen Krieges: Eine häßliche, liebenswerte Stadt (oder wenigstens schien oder scheint sie mir noch immer so), die sich dehnte und weitete, in Slums, ungeplant, von Polierhäusern übersät und gemütlich vorbestadtet, an einer langen, großartig geschwungenen Küste, wo schuleschwänzende Jungen und Sandfelderjungen und alte namenlose Männer in den Fetzen und Katzenjammern von Hunderten Mildtätigkeitsanzügen nach Strandgut suchten, faulenzten und paddelten, den Booten zusahen, die hafenwärts fuhren, für die bellenden herrenlosen Hunde Steine in die See warfen und an Sommersamstagnachmittagen der kriegerischen Musik von himmlischer Erlösung und höllischem Feuer lauschten, die von einer Seifenkiste herab gepredigt wurden.

Diese Seestadt war meine Welt. Außerhalb ging ein fremdes Wales, kohlenzergraben, gebirgig, flußdurchlaufen und meines Wissens voll von Chören und Schafen und hohen Geschichtenbuchhüten, seinen Geschäften nach, die mich nichts angingen. Hinter diesem unbekannten Wales lag England, das London war, und außerdem ein Land, das hieß «die Front», aus dem viele unserer Nachbarn nicht mehr zurückkamen. Im Anfang war die einzige «Front», die ich kannte, die Front unseres Hauses, zu der man hinaufsehen konnte, wenn man durch den kleinen Gang zur

Haustür hinaustrat. Ich konnte nicht verstehen, wieso so viele Leute von dort nie mehr zurückkamen. Aber später wurde ich größer und wußte mehr, wenn ich es auch noch immer nicht verstand, und trug im Cwmdonkin-Park ein hölzernes Schießgewehr und schoß den unsichtbaren, unbekannten Feind nieder wie eine Schar von wilden Vögeln. Und der Park selbst war eine Welt in der Welt der Seestadt, ganz nahe bei dem Haus, wo ich wohnte; so nahe, daß ich an Sommerabenden im Bett die Stimmen anderer Kinder hören konnte, die auf der abfallenden, papierabfallbedeckten Böschung Ball spielten. Der Park war voll von Schrecken und voll von Schätzen. Das Gesicht eines alten Mannes, der im Sommer und im Winter auf der gleichen Bank saß und auf das schwänebedeckte Wasserreservoir hinausstarrte, kann ich deutlicher vor mir sehen als die Stadtstraßengesichter, die ich erst vor einer Stunde gesehen habe. Und Jahre nachher habe ich ein Gedicht geschrieben, über diesen und für diesen für mich unvergeßlichen Mann, das ich nannte:

Der Bucklige im Park

Der Bucklige im Park
Ein Mister den man alleinließ
Eingepfropft zwischen Bäumen und Wasser
Vom Öffnen der Gartenschleuse
Die Bäume und Wasser einließ
Bis zum Ruf der Abendglocke den Park zu verlassen

Aß Brot aus einer Zeitung
Trank Wasser aus dem Becher an der Kette
Den die Kinder mit Sand vollschütten
Im Brunnenbecken wo mein Schiff schwamm um die
Er schlief bei Nacht in einer Hundehütte [Wette
Doch niemand der ihn angekettet hätte.

Wie die Parkvögel kam er zeitig
Wie das Wasser setzte er sich hin
Und Mister – He Mister riefen
Die Stadtschulschwänzer ihn
Um dann weiter geschmeidig
Außer Rufweite zu fliehn

Zwischen Teich und Felsengrotte.
Drohte er mit der Zeitung gabs Gelächter
Sie liefen bucklig zum Spotte
Durch den Zoo-Lärm der Weidenalleen
Um dem Stock mit dem der Parkwächter
Blätter aufspießt zu entgehn.

Und der alte Hundeübernächter
Allein zwischen Bonnen und Schwänen
Und Jungen in den Weiden die die losen
Tiger aus ihren Augen springen ließen
Um zu brüllen auf Ufersteinen –
Und abseits der Alleen blau von Matrosen

Machte den ganzen Tag bis zum Glockenzeichen
Einen Frauenleib, frei von Fehlern
Aufrecht wie ein junger Baum

Aufrecht und schlank aus seinen krummen Knochen
Daß sie die Nacht lang stünde ununterbrochen –
Nach den Schleusenschlössern und Ketten und Quälern

Die ganze Nacht im ungemachten Park
Nachdem die Gitter und Sträucher efeuumschlungen
Die Vögel Steine Gräser die er barg
Und die wie Erdbeeren unschuldig wilden Jungen
Dem Buckligen nachgefolgt waren
Zu seiner Hundehütte dunklem Sarg

Und dieser Park wuchs mit mir heran; diese kleine Welt in mir wurde weiter, als ich ihre Namen und ihre Grenzen lernte, als ich neue Zufluchten und Hinterhalte in ihren Miniaturwäldern und Tropendickichten entdeckte, den verborgenen Heimstätten und Lagern für die Scharen der Jungen, für Trapper und Indianer und für die Unheimlichsten von allen, die ferne Rasse der Mormonen, ein Volk, das allnächtlich auf Nachtmahren durch mein Schlafzimmer ritt. In diesem kleinen, von Eisengittern begrenzten Weltall von Felsengarten, Kiesweg, Spielböschung, Kegelbahnrasen, Kapellenpavillon, Wasserreservoir und Chrysanthemengarten, wo ein uralter, Knastermaul genannter Parkwächter die tyrannische und schnauzbärtige Schlange im Gras war, das man nicht betreten durfte, erduldete ich mit Wonne die ersten Qualen der unerwiderten Liebe, das erste langsame Kochen im Bauch, wenn ein schlechtes Gedicht entstand, das streunende und rabenlockige Selbstdramatisieren dessen, was damals unheilbare Halbflüggheit schien.

Um die Zeit schrieb ich in einem nie veröffentlichten Gedicht:

Sieh, auf Kieswegen unter den harfentönenden Bäumen
Den Sommerwind spürend, die Schwäne hörend
Aus Fenstern geneigt über die Weite der Rasen
Auf steilabfallenden Hügeln die See bewundernd,
Bin ich allein, klag mein Alleinsein den Sternen.
Wer sind seine Freunde? Der Wind ist ihm freundlich gesinnt,
Das Glühwürmchen leuchtet in seinem Dunkel, und
Die Schnecke kündigt kommenden Regen an.

Aber sogar schon einige Jahre vor diesen Zeilen hatte ich geschrieben:

Wo könnt ich jemals lauschen dem Rauschen des Meeres im Schlaf
Oder dem kalten geschliffnen Gesang des Schwans, der stirbt und erwacht?
Wo könnt ich jemals hören was raunt die Zypresse im Schlaf,
Besingen unnahbare Seen und der Blumen männliche Macht?

Ich muß gestehen, die Antwort war: Im Park (den Schwan hatte ich damals ständig im Kopf). Die Antwort also war: Im Park. Ein bißchen Gebüsch und Blumenbeete und Rasen in einer selbstgefälligen, behaglichen, säuberlichen, mittelmäßig wohlhabenden

Vorstadt meiner mich ganz und gar umzingelnden Umwelt, jener großartig häßlichen Seestadt, wo ich an schulfreien Nachmittagen mit meinen Freunden am Strand herumstrich, an der Bucht, die nach Devon hinübersah, und auf Wasserleichen hoffte, oder auf goldene Uhren, oder auf den Schädel eines Schafes, oder auf Flaschenpost, die mit dem Treibgut angeschwemmt werden würde. Oder wo wir wanderten und pfiffen und zu Fremden ungezogen waren, durch die dichtgedrängten Straßen, die altbacken wie Bahnhofsbrötchen waren um die ehrfurchtgebietenden Gaswerke herum, und ums Schlachthaus, vorbei an den geschwärzten Monumenten des Bürgerstolzes und am Museum, das in ein Museum gehört hätte; jener Seestadt, wo wir auf dem kahlen, schlackenbestreuten Spielplatz eine Art Kricket zusammenkratzten oder auf der Promenade den unnahbar alten Mädchen von Fünfzehn oder Sechzehn auf der anderen Seite zuzwinkerten; wo wir eine Tramway nahmen, die wie ein Eisengelee wackelte und von unseren säuberlichen Elternwohnungen auf die klapperdürre Mole hinausfuhren, um dort unter der Mole herumzuklettern und an ihren Skelettbeinen hängend in Gefahr zu schweben, oder bis ans Ende der Mole zu laufen, wo geduldige Männer mit den meerwärts gekehrten Augen arbeitsloser Hafenarbeiter mit Mütze und Schal und mit Pfeifen, die ihnen noch aus dem Mund hingen, aber schon längst ausgegangen waren, nach unangenehm schmeckenden Fischen angelten. So eine Stadt wie unsere hat es wirklich noch nie gegeben, dachte ich, als wir auf den Sandhügeln mit Jungen spielten, die unsere Mütter Gassenjungen genannt hätten, oder als wir uns gegenseitig herausforderten, auf die Gerüste halbgebauter Häuser zu klettern, die bald «Heimtraut» oder «Die Buchen» genannt werden würden, und die in der Nähe der besseren Wohnviertel standen, wo die gewichtigeren Familien der Geschäftsleute um halb acht Uhr dinierten und nie ihre Vorhänge vorzogen.

So eine Stadt hat es wirklich noch nie gegeben, dachte ich, mit so einem Geruch nach Fischen und Bratkartoffeln an Samstagabenden, mit solchen Samstagnachmittagsvorstellungen im Kino, wo wir unsere drei Groschen verjohlten und verzischten, mit solchen Menschenmengen auf den Straßen, die an Abenden, an denen ein internationaler Fußballkampf stattfand, den walisischen Lauch trugen; eine Stadt mit solchem Singen, das aus den rauchigen Eingängen der Wirtshäuser hervorspritzte, in Stadtvierteln, die wir eigentlich gar nicht besuchen durften; und mit so einem Park, dem unerschöpflich lächerlichen und geheimnisvollen, dem buschigen, rothäuteversteckenden; wo der Bucklige allein saß mit Bildern der Vollkommenheit in seinem Kopf, und der Weiden «blau von Matrosen».

Die Erinnerungen an die Kindheit haben keine Ordnung. Von all diesen in allen Farben schillernden, bewegten, duftenden Untiefen, die im Augenblick der Erinnerung unter die Oberfläche verschwinden, schießen ein oder zwei wahllos heraus aus ihren quirlenden Wassern in die Luft der Gegenwart, unsterbliche Fliegende Fische.

So erinnere ich mich, daß es nie so eine Abc-Schule gegeben hat wie unsere; so entschieden und freundlich und so nach Galoschen duftend, mit dem süßen verwischten Klang der Klavierstunden, der vom oberen Stockwerk herunterwehte ins einsame Klassenzimmer, wo nur die manchmal tränenüberströmten Schlimmen über den unberechenbaren Rechnungen saßen, weil sie ein kleines Verbrechen abzubüßen hatten, das Reißen am Haar eines Mädchens in der Geographiestunde, oder den geschickten Tritt ans Schienbein unter dem Tisch während des Betens. Hinter der Schule war ein enger Weg, wo die Ältesten und Tollkühnsten Kiesel gegen die Fenster warfen und rauften und prahlten und Lügen über ihre Familien erzählten –

«Mein Vater hat einen Chauffeur.»

«Wozu hat er einen Chauffeur? Er hat doch kein Auto!»

«Mein Vater ist der reichste Mann in Swansea!»

«Mein Vater ist der reichste Mann in Wales!»

«Mein Vater ist der reichste Mann der Welt!»

und Zigarettenstummel rauchten und grün im Gesicht wurden und heimgingen und wenig Appetit zum Tee hatten.

Der Weg hinter der Schule war der Ort, wo man sich Geheimnisse erzählte. Wenn man keine hatte, dann erfand man welche; ich hatte nur wenige. Heutzutage träume ich manchmal, daß ich nach der Schule in die Gasse mit den Geheimnissen einbiege und den Kindern aus meiner Klasse sage: «Endlich habe ich ein Geheimnis!»

«Was denn?»

«Ich kann fliegen!»

Und wenn sie mir dann nicht glauben, flattere ich mit den Armen wie ein großer dicker Vogel und erhebe mich langsam vom Boden, zuerst nur wenige Zentimeter hoch; dann aber gewinne ich Luftraum, bis ich dahinfliege wie der Vampir Dracula, mit meiner Schülermütze, in gleicher Höhe mit den Schulfenstern des ersten Stockwerks, und hineinspähe, bis die Lehrerin am Klavier aufkreischt und das Metronom krachend zu Boden fällt und stehenbleibt, so daß es keine Zeit mehr gibt. Und ich fliege über die Bäume und Schornsteine meiner Stadt, über die Werften und Hafenanlagen und streife die Masten und Schiffsschornsteine, über die Inkermanstraße und Sebastopolstraße und über die Straße, wo die Frauen in Männermützen mit einem Korb voll leerer Flaschen in die Kanne und Flasche laufen; über die Bäume des ewigen Parks hin, wo eine Militärkapelle die Blätter rüttelt und auf die Kindermädchen und Kinder niederregnen läßt, auf die Krüppel und auf die Arbeitslosen. Das ist nur ein Traum. Aber die häßliche und wenigstens für mich liebenswerte Stadt lebt und ist aufregend und wirklich genug, obwohl der Krieg ein häßliches Loch in sie gerissen hat. Ich brauche mich an keinen Traum zu erinnern. Die Wirklichkeit ist da, die echten lebendigen Menschen, der Geist von Wales selbst.

*

Powys

Bei Llanidloes

Gwent

Tintern Abbey

Gwynedd

Conwy-Brücke bei Llanrwst

Cardigan Bay

Tywyn

Pembrokeshire Coast

Newport

Snowdonia

Llynnau Mymbyr

Gwynedd

Conwy Castle

St. Govan's Head, Pembrokeshire Coast

Ganz früh eines Morgens

Ganz früh eines Morgens im Winter in Wales, an der See, die still und grün wie Gras dalag, nach einer Nacht von teerschwarzem Heulen und Rollen.

Ich ging hinaus aus dem Haus, in das ich gekommen war, um kalte Ferien außerhalb der Saison zu verbringen, denn ich wollte nachsehen, ob es noch regne, ob der Vorbau des Hauses weggeweht worden sei, ob Kartoffeln, Scheren, Rattengift, Krabbennetze und Büchsen mit rostigen Nägeln samt und sonders im Winde davongeflogen seien und ob die Klippen an der Küste noch alle da seien. Es war eine so wilde Nacht gewesen, daß jemand im rauchigen, mit Schiffsbildern geschmückten Wirtshaus gesagt hatte, er könne spüren, wie sein Grabstein wackle, obwohl er doch gar nicht tot sei oder sich wenigstens doch noch bewege. Aber der Morgen leuchtete so klar und still, wie man sich immer vorstellt, daß der nächste Tag leuchten wird.

Die Sonne beleuchtete die Seestadt, aber nicht ganz und gar, von der höchsten Düne herab, von der naserümpfenden zinkbedachten Kapelle bis zum leeren, nur von Ratten und Gefüster bewohnten, grauen Lagerhaus am Hafen, sondern in einzelnen hellen Flekken. Dort stemmte der Kai seine Schulter gegen das offene Meer, und dort war niemand, nur die Möwen, und die Winden standen da wie kleine Männer in röhrenförmigen Hosen. Da leuchtete das Dach der Polizeistation, schwarz wie ein Helm, trocken wie eine Vorladung, nüchtern wie der Sonntag; dort die bekleckerte Kirche, und über ihr eine Wolke in Gestalt einer Glocke, bereit dahinzutreiben und zu läuten; hier die Schornsteine des rosagetünchten Wirtshauses, jenes Wirtshauses, das auf den Samstagabend wartete wie ein allzu lustiges Mädchen auf Matrosen.

Die Stadt war noch nicht wach. Der Milchmann lag noch verloren in Lärm und Musik seiner walisischsprechenden Träume, die wunscherfüllten Tenorstimmen ertönten mächtiger als Caruso, süßer als Ben Davies, vorbei am Kleiderbasar und am Manchester-Haus, hinauf zu den frostigen Hügeln. Die Stadt war noch nicht wach. Babies in den Schlafzimmern im ersten Stockwerk der salzweißen Häuser, die über dem Wasser baumelten, oder der rundfensterigen Villen, die säuberlich in ordentlich baumbestandenen aber unebenen Hügelstraßen dasaßen, plagten das Licht mit ihrem halb aus dem Schlaf kommenden Schreien. Verschiedentliche pensionierte Schiffskapitäne tauchten für eine Sekunde aus tieferen Wogen, als je ihre Schiffe gewiegt im Meeresrauschen ihrer Ohren. Hauswirtinnen, eingehüllt in Schal und Bluse und Schürze aus Schlaf in der vorhangverhängnisvollen Bombasinschwärze ihrer einstmals zu vermietenden Gastzimmer, erinnerten sich an ihre Liebhaber, an ihre Rechnungen, an ihre Besucher – tot, davongegangen, begraben in englischen Wüsten, bis die Posaune des nächsten kostspieligen Augusts sie wieder auferstehen lassen würde in eine Welt von Ferienregen, unglücklichen Küstenklippen und Sand, gesehen aus den weinenden Trauerfenstern der Guten Stuben; eine Welt von gefransten Tischtüchern, ausgestopften Fasanen, Farnen in Blumentöpfen, verblassenden Photographien der bärtigen und kritisch dreinschauenden Toten, Autographenalben mit einer Locke von schlaffen und farblosen bebänderten Haaren, die zwischen den dicken schwarzen Deckeln hervorhängt.

Die Stadt war noch nicht wach. Vögel sangen auf dem Dachgiebel, in Büschen, Bäumen, auf Telegraphendrähten, Schienen, Zäunen, Sparren und nassen Masten. Weder aus Liebe noch vor Freude, sondern einfach um andere Vögel fernzuhalten. Die Hausherren in Federn machten selbst dem fliegenden Licht das Recht streitig, sich niederzulassen und zu rasten.

Die Stadt war noch nicht wach, und ich ging durch die Straßen wie ein Fremder, der aus dem Meer gestiegen ist und mit jedem Schritt Holz und Wellenschlag und Dunkelheit abschüttelt, oder wie ein neugieriger Schatten, der entschlossen ist, sich nichts entgehen zu lassen, nicht das erste Beben in der Kehle des morgenkrähenden Hahnes, und auch nicht das erste schwirrende Anstoßen der festgesetzten Zeit im Bauch der Weckeruhr auf der mit Familienandenken bedeckten Kommode unterhalb des gestickten Bibeltextes und der echt handgemalten Wasserfarbenbilder von Prothcawl oder Trinidad.

Ich ging vorbei an den kleinen Fenstern, die auf das Meer spähten und hinter deren ordentlichen Vorhängen Männer und Frauen von sanften Sitten lagen, noch nicht erwacht, und vielleicht, wer weiß, furchtbar und gewalttätig in ihren Träumen. Im Kopf von

Miß Hughes, «Zum stillen Winkel», dröhnten die Zimbeln eines orientalischen Hofes, Eunuchen schlugen Gongs, so groß wie die Kapelle von Bethesda. Sultane mit Stimmen, feuriger als die von Wanderpredigern, verlangten einen höchst unwalisischen Tanz. Überall glühten und strahlten die Farben der Träume der kleinen schiefergrauen Frau, purpurn, magenta, rubinrot, saphirfarben, smaragdgrün, knallrot, honiggolden. Aber nein, ich konnte es nicht glauben! Sie strickte sicher in ihrer ordentlichen Schlafwelt ein beigefarbenes wollenes Leichentuch mit den Worten «Du sollst nicht» am Busen.

Ich konnte mir Cadwallader Davies, den Krämer, in seinem Morgentraum vor dem Erwachen nicht hoch zu Roß vorstellen, mit zwei Pistolen wildwesttapfer durch die Kaktusprärien reitend. Nein, er addierte, er subtrahierte, er schrieb Empfangsbestätigungen aus und buchte eine üppige Rechnung mit einer Kerze, die er in Trockenei tauchte.

Welche großen Ozeane von Träumen fluteten im Schlaf des Kapitäns? Über welche Wogen, blau von Walen, segelte er durch einen Regenbogenhagel fliegender Fische zur Musik von Kirkes schweinischer Insel? Laßt ihn nicht von Dividenden und Bierflaschen und Zwiebeln träumen!

Jemand schnarchte in einem der Häuser. Ich zählte zehn wilde und empörte Grunzer und Schnarcher, wie die eines Schweines auf einem unratlosen Mustergut, und sie endeten mit einem Laut, der die Fenster schüttelte, die Waschbecken rüttelte, die Zahnputzgläser erzittern und die Murmeltiere aufwachen ließ.

Das Schnarchen donnerte mit mir an das Gitter der Kapelle und verschwand dann messingdröhnend.

Die Kapelle stand da, grimmig grau und teilte dem Tag mit, daß es heute keinen Unsinn zu geben habe. Die Kapelle schlummerte nicht. Nie nickte sie ein oder legte sich auf die Seite, nie schloß sich ihr langes kaltes Auge. Ich ließ sie stehen, sie sagte dem Morgen immer noch ihre Meinung, und die Seemöwe flog abgekanzelt über sie hin.

Und als ich wieder hinunterkletterte und hinauf und zur Stadt hinaus, hörte ich die Hähne von den versteckten Höfen her krähen, von alten Hühnersprossen über den Wogen, wo vielleicht sagenhafte Seevögel sitzen und schreien «Neptun!». Und eine weitentfernte Uhr schlug von einer anderen Kirche, von einem anderen Dorf, von einer anderen Welt her, wenn auch der Wind die Zeit davonwehte. Und ich ging am zeitlosen Morgen an einer Zeile von weißen Hütten vorbei, und fast erwartete ich, daß ein uralter Mann mit einem großen Bart und einem Stundenglas und einer Sense unter dem Schlafrockärmel sich aus dem Fenster beugen und mich fragen würde, wie spät es sei. Ich hätte ihm gesagt: «Steh auf, du alter Zähler der Herzschläge aller Albatrosse, und wecke die höhligen Schläfer der Stadt zu einem blendenden neuen Morgen!» Ich hätte ihm gesagt: «Du unglaublicher Vater von Eva und Hans Adam, komm heraus, du altes Huhn, und scharre den Wintermorgen auf mit deinem Sensenlöffel!» Ich hätte ihm gesagt . . . Ach, was! Davongerannt wäre ich wie ein verbrühter Geist, über die Klippenküste hinunter ins zweisprachige Meer.

Wer wohnte in diesen Hütten? Ich war ein Fremder in dieser Seestadt, frisch oder altbacken aus der Großstadt, wo ich für mein Brot und die Butter drauf arbeitete und wünschte, es wäre walisisches Tangbrot und salzige Landbutter, dottergelb. Fischer wohnten dort. Sicherlich. Kein Maler, außer, daß sie Boote bemalten. Keine wie Männer angezogenen Weiber mit Klappstühlen und Skizzenbüchern und Stimmen wie Fischmöwen, die die wiederwilligen Häupter von kritischen und stämmigen Einheimischen malten, die ihnen nach dem Maß Bier Modell saßen, gegen den Hintergrund der kapellendunklen See, die dann noch blauer gemalt werden würde als die Bucht von Neapel, bloß seichter.

Ich ging wieder den Klippenpfad entlang; die Stadt hinter und unter mir wachte ganz langsam auf. Ich blieb stehen und drehte mich um und schaute. Rauch aus einem Schornstein, vom Schuhmacher, dachte ich, aber aus dieser Entfernung hätte es auch der Schornstein des in Ruhestand getretenen Irrenhauswärters sein können, der sich nach vielen Jahren erfolgreicher Ringkämpfe mit den wahnsinnigen Reichen von Südengland hier in Wales niedergelassen hatte. Er war nicht beliebt. Auf den ersten Blick nahm er einem sorgsam Augenmaß für eine Zwangsjacke. Er sah einen wie einen Ball elastisch von Gummizellenwänden abprallen. Nichts, was man tat, überraschte ihn. Viele Leute in der Stadt fanden es schwer, ihn nicht plötzlich um die Ecke herum anzustieren oder ihm etwas vorzutanzen, krampfhaft, oder lachend und mit teuflisch guter Laune auf Raufereien unsichtbarer Hunde zu zeigen, bloß um ihm zu beweisen, daß sie normal seien.

Nun auch Rauch aus einem zweiten Schornstein. Sie verbrannten ihre Nachtträumc. Aus dem Rauch erhob sich ein Geist mit langen Haaren, wie ein alter Politiker: Jemand hatte von der Lieberalen Partei geträumt. Aber nein, die rauchige Gestalt verwob und verdünnte sich zu einem eleganten und präzisen grauen Beistrich. Also hatte jemand davon geträumt, Charles Morgan zu lesen. Ach, die Stadt erwachte jetzt, und ich hörte ihre Stimmen deutlich und beständig über die lansam sprechende See hin zu mir herauf wehen. Und einige von diesen Stimmen sagten:

Ich bin Miß May Hughes, «Stiller Winkel», eine einsame Lady,
Und warte in meinem Hause am schlimmen Meer:
Ich warte auf einen Gatten und auf mein niedliches Baby,
Vielleicht kommen die endlich doch von irgendwo her.

Ich bin Käptn Winzig-Evans, und mein Schiff war die Kidwelly,
Und Mrs. Winzig-Evans ist schon tot und längst verblaßt.
«Armer Käptn Winzig, ganz allein!» heißts bei den Nachbarn,
Aber ich bin gern allein, und sie hab ich gehaßt.

Clara Tawe Jenkins, ›Madame‹ genannt, alte Altstimme;

Ich sitz im Schlafrock am Fenster und sing hinaus aufs
Meer.
Das ist ganz recht so für eine alte Sängerin,
Denn das Meer merkt das nicht: Ich hab keine
Stimme mehr.

Thomas Evans, Pfarrer; man darf kein Blättchen
vergeuden!
Ohnehin schwach, der Tee; ich mache ihn jeden
Morgen
In meinem Haus, hier am Meer, und ich trink ihn mit
Freuden,
Einzig allein mein Glaube, der macht mir oft Sorgen.

Vorhänge auf, und einheizen! Ich – ja, ich will noch
gähnen.
Ich, Mrs. Ogmore-Pritchard! – Dienstboten muß man
benutzen!
Abstauben das Porzellan, den Kanari füttern, und
bohnern!
Und bevor ihr die Sonne einlaßt, soll die sich die
Schuhe putzen:

Ich bin bloß Mr. Griffith, stark kurzsichtig, Magister.
Mein Ei
Schluck ich noch schnell, dann zur Schule, die Schul-
glocke droht!
Schutzheiliger der Lehrer, lehr mich Ruhe halten,
steh mir bei
Zu vergessen den Satz an der Tafel: «Griffith Blind-
schleiche ist ein Idiot!»

Hört ihrs pfeifen? Ja, das bin ich! Ich bin Phoebe! Das Mädchen
Im Gasthaus zum Königskopf; heut gibts was wieder einmal:
Irgendwer hat ein Päckchen Pfeffer in'n Tee geschmissen.
Zwanzig Gäste zum Frühstück. Ich pfeif drauf, mir ists egal!

So zogen einige von den Stimmen einer auf die Klippen gebauten Stadt am äußersten Ende von Wales aus dem Schlaf und aus der Dunkelheit aus, in den neugeborenen uralten alterslosen Morgen hinaus, zogen aus und gingen verloren.

*

Anglesey

Treardddur Bay

Gwynedd

Afon Dovey, Estuary

Anglesey

Lighthouse South Stack

Anglesey

Holy Island

Pembrokeshire Coast

St. David's Cathedral

Menai Strait

Church Island

Gwynedd

Menai Bridge

Anglesey

Porth Dorfach

Im Reich des Dylan Thomas, Laugharne

*

Wales und der Künstler

Zu viele Künstler aus Wales, die ihren dauernden Wohnsitz in, sagen wir einmal, London aufschlagen, beginnen sich fast sofort bis zur Unkenntlichkeit zu anglisieren. (Freilich gilt das nicht nur für Künstler.

Ich kenne einen Friseur aus Wales in London, der so haarsträubend energisch daran gearbeitet hat, seinen Akzent loszuwerden, daß er sich jetzt anhört wie ein Mann, der den marmornen Parthenonfries aus dem Britischen Museum im Mund hat.) Diese anglisierten Waliser äffen das dunkle «a» nach. Sie verleugnen die walisische Sprache, gleichgültig ob sie sie kennen oder nicht. Durch herablassendes Erzählen von komischen, nicht ganz klaren Geschichten von Dai und Evans aus den alten Tälern, verdienen sie sich in Gesellschaft kultureller Speichellecker, die sich ihrerseits wieder zu ihnen herablassen, jämmerliche Dinners und Runden von abgestandenen Getränken. Sie fallen auf die allerneuesten «ismen» herein, arglos wie junge Hunde auf Gummiknochen. Mit ihrer spanielhaften Anhimmelei und ihrer Unkenntnis der Tradition, die sie unweigerlich zum Experiment zwingt, bestätigen sie den Verdacht nichtwalisischer experimenteller Künstler, daß alle Waliser Schwindler seien, besonders aber walisische Künstler. In Ausstellungen, Konzerten, auf Cocktailparties finden sie sich an den dicken, horngefaßten Rändern, wo sie ihren natürlichen Eifer erdrosseln, um ein, zwei halbverschluckte geringschätzige Worte fallen zu lassen und mit wissender Blasiertheit die Gemälde, die Musik, die Gäste, ihren Gastgeber abzutun, wobei sie ihre Stimmen in ein Korsett schnüren, daß ja kein Tonfall von walisischem Enthusiasmus auftrillern oder herauskollern kann. «Genohgenomm», sagen sie, «bin ich in Cwmbwrla geboren, aber Soho ist besser für meine Gouaches.» Sie errichten im näselnden nieselnden London ihr eigenes kleines Talmi-Wales, eine Exilregierung von enteigneten Intellektuellen, die nicht ihr Land, sondern ihren Intellekt verloren haben.

Und sie kehren von längerer Zeit zu Zeit heim, wie Leutseligmacher, um ihre festeingefahrenen alten Freunde von oben herab zu behandeln und auf die Schultern zu klopfen und amüsiert nach dem Weg zu dieser Straße und jenem Gebäude zu fragen, als wüßten sie ihn nicht mitten in der Nacht. Sie kehren heim, um mit allen Magneten ihres Snobismus die Vornamen und die Anzahl der Frauen alternder Maler aufzulesen, die Stammlokale aufsteigender Dichter, das intime Verhalten der berühmten Musiker, die sie gar nicht kennengelernt haben, und um in ihren Taschen und Mündern ihre ausländischen Pennys, Ansichten und Wortbetonungen klimpern zu lassen.

Und auf der anderen Seite bleiben zu viele walisische Künstler zu lange daheim, in Wales, Riesen in der Finsternis hinter dem Dorfbrunnen, Pygmäen in der völkerlosen Sonne, die neidisch ihre vergifteten Pfeile auf die Künstler anderer Länder abschießen, statt zu versuchen, das Niveau der Kunst ihres eigenen Landes zu heben, indem sie sich ordentlich hinter ihre eigenen Worte, Farben und Melodien hermachen.

Und zu viele Künstler in Wales verbringen zuviel Zeit mit Debatten über die Stellung des Künstlers in Wales.

Es gibt nur eine Stellung für einen Künstler, ganz gleich wo: aufrecht.

*

Tryfan, Snowdonia

Menai Street

Britannia Bridge

Gwynedd

Portmeirion

Gwynedd

Caernarfon Castle

Gwynedd

Viktorianisches Hotel in Llandudno

Dyfed

Aberystwyth

Gwynedd

Portmeirion

Powys

Dovey Valley

Gwynedd

Holy Island, Anglesey

Gwynedd

Caernarfon Castle

Anglesey

Porth Diana, Trearddur Bay

Pembrokeshire Coast

Lower Town Fishguard

Pembrokeshire Coast

Bei Newport

Snowdonia

Bei Abertridwr

Irische See
Liverpool
Holyhead
Llandudno
Bangor
Caernarfon
Betws-y-coed
Ruthin
Clwyd
Llangollen
Porthmadog
Bala
Oswestry
Pwllheli
Aberdaron
Dolgellau
Severn
Shrewsbury
Welshpool
Dovey
Machynlleth
Severn
Newtown
Cardigan Bay
Llangurig
Aberystwyth
Rhayader
Leominster
WALES
Builth Wells
Hereford
Wye
Wye
Cardigan
Teifi
Fishguard
Llandovery
Tywi
Brecon
St. David's
E. Cleddau
Carmarthen
Llandeilo
Usk
Abergavenny
Haverfordwest
Laugharne
Merthyr Tydfil
Kidwelly
Tenby
Llanelli
Neath
Cwmbran
Pembroke
Swansea
Newport
Chepstow
Cardiff
Bristol Channel
Bristol
0
20
40 km

Quellen und Literatur

Dylan Thomas: Ganz früh eines Morgens. Deutsch von Erich Fried. Carl Hanser Verlag, München 1973 (Erinnerungen an die Kindheit, S. 89; Ganz früh eines Morgens, S. 113; Laugharne, S. 72; Wales und der Künstler, S. 138)

Dylan Thomas: Ausgewählte Gedichte. Deutsch von Erich Fried. Carl Hanser Verlag, München 1967 (Fern Hill, S. 53; Gedicht im Oktober, S. 56; Gabs eine Zeit, S. 59; In diesem Frühling hier, S. 32)

Dylan Thomas: Unter dem Milchwald. Deutsch von Erich Fried. Drei Brücken Verlag, Heidelberg 1954 (S. 27)

Borrow, Georg: Wild Wales. Its people, language and scenery. Glasgow 1980

Evans, Gwynfor: Land of my fathers. 2000 Years of Welsh History. Swansea 1974

Garlick, Raymond u. Roland Mathias (Hrsg.): Anglo-Welsh Poetry 1480–1980. Ogmore-by-Sea 1983

Gerald of Wales: The Journey through Wales . . . Harmondsworth 1978

Morton, H. V.: In Search of Wales. London 1932

Payne-Knight, Richard: The Landscape. London 1794

Powys, John Cowper: Obstinate Cymric. Essays 1935–47. London 1973

Wakesfield, Paul u. Jan Morris: Wales. London 1982

In gleicher Aufmachung liegt von Horst Zielske bereits das bibliophile Taschenbuch «The Spirit of England» vor.